내 곁에 있는 사람

내 곁에 있는 사람

조유정 시집

Poems by Cho Yu-jung

 동학사

■ 시인의 말

기교로 가득한 발레에서
드미 꾸뻬라는 '작은 단절'처럼,
의도된 제어가 우리 삶에 필요해 보입니다.

가끔은 생각의 여백을 마련해야
이 난처한 아포리아의 시절에
속내를 추스르고 다시 일어설 수 있는 가봅니다.

이 소란한 도시에 '고독한 산책자의 몽상',
시를 읽는 지혜로움도 그렇겠지요.

시와 함께한 작은 세월들에서 위로받았음에
값할 시 몇 편 길어 올리려다
세 번째 시집을 펴냅니다.

저의 영혼과 가슴에서 꽃이 피고 무르익기를
소망합니다.

2021년 여름
조유정

내 곁에 있는 사람
조유정 시집

- ■ 시인의 말 5
- ■ 발문 105

차례

01

해 돋는 마을 • 11
사랑이라는 이름 • 12
웃는 돌 • 13
몬스터 • 14
12월의 노래 • 16
축제 • 17
가을 산에서 • 18
달가운 멍에 • 19
관계, 폐업하다 • 20
로고스의 신비 • 22
아포카토 • 24
은밀한 손 • 25
엘리베이터 앞에서 • 26
황소바람 • 28
편한 외투처럼 • 29
길에 서다 • 30

02

생명, 4월은 • 35
질마재를 걷다 • 36
아침이 오는 풍경 • 38
모과차를 만들며 • 39
가족1, 아버지의 자리 • 40
가족2, 어머니 • 42
가족3, 딸, 인연으로 • 43
가족4, 문 밖의 아들 • 44
가족5, 그대 누구시길래 • 45
감귤 • 47
묵언수행 • 48
시가 된 그리움 • 49
요즘 육아법 • 50
낯가리기 • 51
운초 시여 • 52
옹알이 • 54

03

인연 • 57
충수돌기 • 58
존재의 가벼움 • 60
적막한 초혼 • 62
꽃 몸살 • 64
가끔은 삶이 • 65
진화여행 • 66
가을 서곡 • 67
그 남자가 사는 법 • 68
– 사진작가 서성강
그 남자가 사는 법 • 70
– 지산 문은수 총재
그 남자가 사는 법 • 72
– 시인 이정우
프란치스코 성인이여 • 74
직지사 • 76
낯설거나 친근하게 • 77
고책성사 • 78

04

백두산 천지 • 83
두만강 • 84
톤레샵 강가엔 • 86
일송정 • 88
앙코르왓 • 89
코끼리의 눈 • 90
목이 긴 여인 • 92
흰 소가 끄는 마차 • 93
메콩강의 사람 꽃 • 94
프라하의 깊고 푸른 밤 • 95
허무의 시계 • 96
마리오넷 • 97
플리트체 숲 길 • 98
메주고리예 • 100
황거누이강 • 101
백야를 만나다 • 102

01
혼자 부르는 노래

해 돋는 마을

낮은 지붕에
누추한 냄새 켜켜이 덮여 있고
참새 골목에 구겨져 누웠던
가난들이
밥 냄새에 하나둘 모여든다

길 건너 고층 빌딩
정원 벤치에
한 무리의 노숙인
엷은 햇살에 악취를 말리고 있다

서울 역 노숙 천사들
그들을 향한 고운 이름의 밥집
해 돋는 마을 유리문 너머로
밥 한술이 급한 이들의 식사기도는
깊은 허기위에
길고 무겁다

사랑이라는 이름

스무 살 어여쁜 딸의 하루를
펄떡이는 갈치 떼처럼
빛나게 하는

어떤 이에게는 명약으로
또 다른 이에게는 죽음에 이르는 병으로
자리하는

누구라도 쉽게 꿈꾸게 하는
캄캄한 세상 파수꾼처럼 반짝이는
태곳적부터 이 땅에 만연한
살아있는 바이러스

소유할 수 없는 존재
천길 땅속에 숨어있는 샘물처럼
불가사의한 생명수
그 아름다운 절대

웃는 돌

오늘처럼 볕이 좋은 봄날 오후거나
촉촉한 안개비 내리는 날은
그곳, 웃는 돌을 만나기 좋은날이다

석공의 혜안이었을까
민낯의 돌 입 꼬리를 슬쩍 올려붙인 장난 끼

마음이 무너져 내린 날
웃는 돌을 마주하며
다시 세상을 대면할 힘을 얻곤 했지

천년세월을 건너도 변치 않는
불가사의한 힘
우리도 천년쯤 살다보면
만인에게 힘이 되는 저런 미소 얻을 수 있을까

몬스터

처음엔 아무도 눈치 챌 수 없는
작은 괴물이었지

무리에 섞여 있는 충만함으로
존재감 확인하듯
하늘이 흔들리도록
너의 잘못 낱낱이 소리치며
예수 대신 바랍바를 풀어주라 외쳤지

몬스터 가면을 빌려 쓴 우리
시간 지나며
거대해 진 군중에 이끌려
초심을 잃었나

너를 향한 돌팔매 대신
내 몸을 태워야하는 촛불의 의미 잊고
죽음의 불꽃에서
일어서는 불사조의 함성
몬스터로 변해버린

무서운 군중의 목소리

은통 사방에 적뿐이다

12월의 노래

절망의 끝에 내일을 준비하듯
시작과 끝이 나란히 서 있다
인간의 시간과 신의 시간을 이어주는 시점
과거는 인간의 몸에 새겨져 있지만
오지 않은 시간은 신의 몫이다

사는 것 살아내야 하는 것이
신에 대한 의무이듯
고난의 바다를 헤엄쳐 도달한 오늘
다시 시간의 정점을 찾아 떠나는
쓸쓸해서 아름다운 12월이다

돌아가고 싶은 날이 있는 것
잊고 싶은 날이 있는 것
아득하다 몸으로 지나간 것들

미로 속에 숨겨둔 신의 영역
내일이여 달려오소서

축제

경동거리에
꽃비가 내린다

골목마다 아롱지는 추억이
시로
몸짓으로
색으로
신명 돋우는 가락으로

5월 푸른 하늘
문화를 살아 숨 쉬게 하는
천안 명동거리에
오늘
꽃비로 내린다

가을 산에서

까닭 없이 유순해지는 계절
기도의 응답인가
풀잎 끝에 내려앉은
이슬방울이 애처롭다

죄 없이 살 수 있는 날
삼백 육십 오일이
매일 이런 날이었으면

한때는 새파란 청춘이었고
생의 정점에서
화려한 꽃밭이었던 그대

올라온 반생을 반추하며
내려갈 반생을 추스르는
가을 산
처절하게 물들어간다

달가운 멍에

잊고 있던 시 한 줄이
길 잃은 중년을 일으켜 세웠다
푸른 저녁 빛 묻어나는 땅에
속절없이 다른 운명을 꿈꾸며
익명의 섬에 숨고 싶었나

언어의 향연 욕망의 파도 출렁여도
닿을 수 없는 그곳
목마름과 그리움뿐인 한 줄,
시는 내 마지막 천형인가

골속에 진액을 다 말릴 듯
보잘 것 없는 재주 녹여내는 고통을 줄지라도
운명적 만남 아직 생생하니
달가운 나의 멍에 벗을 수 없어라

관계, 폐업하다

뉴스는 연일 상생을 외치는데
골목입구 천사마트에
폐업딱지가 붙었다

막걸리 아이스크림 사 나르고
저녁 준비하던 아내
슬리퍼 끌며 달려가던 아웃이건만
대로변 대형마트 주차장에 차량이 늘어 갈수록
하나둘 손님이 줄고
신선식품은 날짜 지나 폐기되고
가공식품은 재고로 쌓이고

이렇게
작고 소박한 것은 소멸해간다
갑과 을 상생이 어렵 듯
그대와 나 공존도 요원하다

같은 베게를 베고 살아도
진정 그대를 안다 할 수 없으니

천사마트 폐업하듯
그대와의 인연에
폐업딱지 붙이는 날도
걸지 않았을 게야

로고스의 신비

동지 무렵
세상 더욱 캄캄하여
하늘의 별빛 너무 멀고
바람조차 매서워
골목마다 문 굳게 닫혀있다

빈 방 있어요?
빈 방 있어요?
빈 방을 찾는 목소리

방을 비우는 작은 창마다
하나둘 불이 켜지고
문 열어준 이들 마음 안에
기다리는 그 아기 구유에 누워 있네

한 해의 끝자락
마음에 구유 하나씩 안고 사노라면
기다리는 그 아기
삶의 어둠을 비쳐주는 놀라운 선물로

나의 빈방에도 찾아오시는
로고스의 신비

아포카토

앙증스런 작은 수저에 얹혀
하르르 혀에 녹는
달콤함 속에 숨겨진
차갑고 입에 쓴 너는 아포카토

어느 인생인들
부드러운 아이스크림처럼 달기만 했을까
어느 인생인들
입에 쓴 에스프레소처럼
험난하기만 했을까

동전의 양면처럼
슬픔과 절망을
삶과 죽음을 순진한 유리그릇에 담아
차가운 욕망으로 가늠한다

한번 혀에 닿으면 거부할 수 없는
끝까지 살아봐야 알 수 있는
아포카토 너는
달콤 씁쓸한 인생이다

은밀한 손

내가 사는 행성에
기적이 찾아 왔다

죽은 나무 가지에
새잎을 틔우고
꽃향기로 축복하는
은밀한 손

벅거운 기적 놀라워
봄날 저녁이면
시를 쓴다

엘리베이터 앞에서

내가 원할 때마다 활짝 열리는
엘리베이터 앞에서
하루를 연다

목적지가 달라도
모습이 달라도 늘 상
온몸으로 받아들이는 유순한 품
여럿이어도 혼자여도
거울 속 또 다른 시선에서
피할 수 없는 생경한 모습을 본다

가까이 있어도 먼 이웃을
잠시 한 곳에 세워
서로를 알게 해주고
낯설음과 익숙함이 교차하는
친근과 소통을 이어주고
속절없는 침묵까지도 실어 나른다

후줄근해진 하루를 감싸주며
반가움으로 활짝 열리는
콘크리트 마을의 작은 광장
엘리베이터 앞에서
또 다시 하루를 닫는다

황소바람

어느 시인께서
황소바람 동시에 재미난 그림이 얹혀진
동화책을 보내셨다

돌 무렵부터 책을 갖고 놀더니
어느새 내용을 다 알고
책 읽는 엄마 목소리 따라
흉내를 낸다

"코딱지를 딱 붙였더니
황소바람이 무릎을 퍽 꿇었대요"

최연소 독자의
압권 연기에 놀란
시인의 너털웃음 들린다

편한 외투처럼

춘자!
골목마다 구르던 개똥처럼
마을마다 한 명씩은 있었던
흔하디흔한 이름이다

어릴 적
이름 지어주신 아버지를 원망하며
때때마다 이름 불리는 것 싫었다

오래 입어 편한 외투처럼
나이 들며 정다워지는
절대 버리고 싶지 않은
내 이름 춘자

길에 서다

내가 걸어온 일흔 구비 삶이
외길뿐이었다면
얼마나 멀고 외로웠을까

화려한 꽃길 곁에 험난한 벼랑길
망망대해 바닷길도
돌아보면 아름다운 한 폭의 그림

길 위에서 스쳤던 인연
도반 되어 곁에 있고
또 어느 인연은 새벽이슬처럼
쉬이 곁을 떠났지

길 끝에 무엇을 향해 가는지
발걸음 마다 새겨진
낡은 풍경조차 몸속에 각인된
삶의 흔적

화살처럼 빠른 시간 속
낯선 나를 다시 만나
삶의 소멸을 안고 뒹굴게 될지
아직도 나는
길에 서 있다

02

그리움의 무게

생명, 4월은

꽃향기 흐드러진
4월에는 울지 않겠습니다.

긴 겨울 삭풍 견디고
여린 가지 그 예쁜 꽃들
피워낸 꽃나무
얼음장 밑에서도 생명의 씨앗 고이 지켜
연두빛 싹을 올린 야생초의 질긴 생명력에
눈물은 결례입니다.

화려한 계절 시샘하는
비바람도 용서할 수 있습니다.
절정의 순간에 추락하는
낙화를 위한 애도의 눈물인걸요

내손으론 꽃잎하나 붙잡아 들 수 없는
허구의 무게를 딛고
4월은
살아있는 것을 위해
우리가 살아갈 시간입니다.

질마재를 걷다

미당을 키워낸 쓸쓸한 바람이다
고창고을 진흙 벌에
살찐 장어는 머리를 쳐 박고
부처는
석양에 물든 포구에 낮게 엎드려
말이 없다

생가를 지키는 우물터 닮은
어머니의 빈 젖가슴
메마른 산하를 짊어지는 일은
영혼을 팔아 일용할 양식을 마련하는
일상이다

알싸한 동동주 한 모금에
선운사 동백은 서럽고
진흙탕 갯물에 그물을 치듯
굽이굽이 펼쳐진 애환의 강줄기

강바람은 아직 바지춤을 희잡고
속울음 가락을 뽑는다
내 사랑 미당은 어드메 있는가
질마재 너른 벌에
미당의 혼은 어드메 있는가

아침이 오는 풍경

어둠속 찬 공기 위로 사뿐히 걷는
어머니의 아침기도
미닫이 너머 찬바람 흔들고
울안의 짐승들 기지개를 켠다

컹컹, 어둠 저편의 해를 불러내는
신호였던가
풀 섶에서 얕은 잠자던 벌레
흔들리며 숲을 지키던
나뭇가지 위 새와 눈 마주친다

미명의 소요 속에
아침 해 위엄을 갖추어
시간의 문 활짝 열고
시계초침 빨라지듯
세상은 익숙한 몸짓으로
제 길을 찾아 간다

모과차를 만들며

가을 햇살에 열매들
다투어 제 부피만큼 익어 갈 때
잎새 아래 생각 깊은 모과는
황금빛으로 물들었다

오래 담아두었던 육신을 내어주자
저항할 수 없는 칼날
길숙이 몸을 베니
두려움만큼 독한 향기를 내뿜으며
얇게 얇게 생각을 내어준다

채우던 시간에서
비워야할 생의 끝자락으로
하얗게 말라가고
그윽한 향기에 젖은 침상 가득
가을빛이 깊다

가족1, 아버지의 자리

숱한 염문의 주인공 아버지는
암 선고를 받은 어머니 곁을 한시도 떠나지 않고
수발을 하셨다

마지막 받은 알뜰한 사랑에도
어머니는 맥없이 무너지듯 눈을 감으셨다
늘 부재중이셨던 아버지의 자리를 채우고도
한 분 존재로 그득했던 집은
폐가처럼 텅 비어 가자
아버지는 새 어머니 들이시는 일을 서두르셨다

가정부를 들인다는 심정으로 받아들인
초로의 부인은 흠 잡을 데 없었다
넉넉지 못한 살림에서도
때마다 마술처럼 맛난 음식을 만들어내고
어머니의 손맛이 그리운 우리는
엄마 아닌 여자의 음식이 그냥 싫었다

이래라 저래라 잔소리는
어머니의 호된 꾸지람보다 섭섭하여
형제들은 이런저런 핑계로 하나둘 집을 떠났고
어머니의 날개 안에 모여 들던 우리를
밖으로 내몰던 그 여자도
어느 날 소리 없이 집을 떠났다

가족2, 어머니

가뭇거리는 초롱불 아래
세상을 등지고 앉아
인연의 실타래 무릎에 안고
천길 절벽을 바늘 끝 따라
걸으셨던 어머니

저고리 섶에 바지 단에
어머니의 삶을
총총 박음질하여 매어 두고
무명천 갈피마다 정을 담아
더위와 추위 속을
손끝에 맺힌 군살 베어내며
바느질로 밥을 지으시고
학비를 버셨다

자식들 삶속에
불사조 우리 어머니
매일 살아나셨다

가족3, 딸, 인연으로

전생에 지은 복이 분명
이승으로 건너왔다
남편처럼 아들처럼
의지하며 키운 딸
소원한 부부사이 아슬아슬 이어주던
인연의 끈이었다

세월 지나 장성하여
시시때때 변해가는 낯선 물정에
지름길 안내까지 척척
눈에 좋은 것 입에 단 것 넣어주고
어미의 황혼 녘
귀한 생명까지 안겨주니
이승에서 제일 잘한 일
너를 낳은 일이로다

가족4, 문 밖의 아들

닫히면 누구도 열 수 없는
문 저쪽에 아들이 있다

대화는커녕
한 상에 식사한 적이 언제인지
내 몸에서 나온 분신
젖을 먹고 자란 혈육과 딴 세상이니
지상의 벌 중 가장 큰 벌이었다

욕심이 과했는지
전생에 무슨 죄를 지었는지
엄마, 하고 부르며 나올 수 있게
문 열어줄 기적의 열쇠가 있다면
세상을 다준들 무엇이 아까우리

백발이 이마에 얹히도록 빌고 빌어도
저 땅은 닿을 수 없는 허망한 바람
닫힌 문 저쪽의 아들은
기척도 없다

가족5, 그대 누구시길래

서 있지 못하고 종일 누워 계시는
세월의 더께를 입으신 어머니
지팡이만 구석에 혼자 서 있다

청상이란 자존을 머리에 이고
사리에 어긋나면 고성도 마다 않던
여장부셨는데

책과 신문 손에서 놓지 않고
노년에 입문하신 신앙생활
초등학생처럼 시간 지켜가며 기도 열심을 내셨지
예수님, 성모님 잊으셨건만
딸의 목소리 기억하고

종갓집며느리 법도 속에서
몸 단속 마음 단속 평생 지키며
헌 점 허물없던 어머니
마다하던 기저귀 수발 얌전히 받으신다

햇살 좋은 오늘
구석에 지팡이 저 혼자
뚜벅 뚜벅 나들이를 가고 있다

감귤

병석의 어머니께
꺼내드린
감귤 다섯 알
그대로 남겨두고 떠나셨다

들담너머 매달린
노란 감귤은
용서받지 못할 죄인의 깃발처럼
시린 가슴
한 장 사진이다

묵언수행

어머니와 마주앉아 공부를 한다
손녀딸과 조카들 이름
하나하나 불러보고
당신의 나이와 이름 세례명까지
소리내본다

아침에 무얼 드셨는지
반찬의 맛은 어땠는지
지난 날 좋은 것은 무엇이고
고단한 게 무엇이었는지
그러나 돌아서면, 댁은 뉘슈?
찬바람이 가슴을 쓸어 내린다

어제도 내일도 없고
희노애락이 묵언으로 묶여버렸다
마침내 득도의 경지에 이른 팔순노모
선인의 무심한 고요 속에
어머니는 지금
묵언수행중이시다

시가 된 그리움

이 봄
노시인께서
사랑의 열병 앓는다

그 목에 피어난 홍매화처럼
발그레해진 얼굴
달뜬 목소리에 실린 생의 기쁨
젊음처럼
주름 위를 걷는 발걸음

터질 듯한 환희로 가득한
꽃 세상 속에
얼마나 좋은 그림인가

그리움이 시가 된
광덕산 기슭
운초의 전설처럼

요즘 육아법

밖은 한겨울 강추위
서늘한 방안 온도 마음에 걸려
몰래 방안 온도 올렸다
하루밤새 아기 등에 땀띠가 함빡 올라
딸의 원망을 듣는다

심한 젖몸살을 견디면서
모유 수유를 고집하는 딸
아가의 작은 뒤척임에도 발딱 잠이 깨는
젊은 애들이 대견스럽다

부모가 된다는 것
생명을 나눠 갖는 것이니
세상에서 가장 숭고한 일
이제 너희들 몫이구나

낯가리기

갈포 만에 아기를 보러왔다
반가움에 아기를 덥석 안았더니
비죽비죽 울음이 새어 나온다.

아차, 얼마 전 입었던 옷 갈아입고
조심히 목소리 먼저 들려준다.

이리 저리 살펴보고
아, 할머니구나 하는 표정
낯가림도 아기가 돌돼서 그런 양
은근 자랑거리를 삼는
타보 할미

운초 시여

운초, 그대 누구시길래
백년의 시간을 건너와
생기로운 계절 꽃바람 속에
사모케 하여 노래하게 하는가

규방에 갇힌 여인의 몸으로
세월 갈수록 높아지며 그리워지는
산 너머 님
분분히 흩어지는 꽃잎으로
이 봄 서럽게 매어두는가

문필이 저변으로 밀려나는 때
당신 시에 기대어
지고한 사랑 완성하려는 맹목이
오늘 척박한 돌밭으로 우릴 이끄시는가
그대 누구시길래

운초 시여
오늘 광덕산 기슭

지천으로 피어난 꽃향기 속에
둥둥 천년 가락으로 올리는 제사를
문인들인의 정성인 듯
흠향하소서

옹알이

아기와 눈 마주칠 때
부호처럼 뱉어내는 아가의 첫소리
엄마만 알아듣는
놀라운 언어

엄마라는 우주너머 응시하며
까맣게 여물어 가는 씨앗처럼
꽃잎 입술로
써내려가는 투명한 시

어떤 사랑고백이 이보다 진할까
온 마음으로 전하는
아가의 옹알이
노래처럼 시처럼
듣고 있다

03

세월, 그 언저리에서

인연

여름 땡볕 속에
능가산내소사 대웅전 부처님 등 뒤에
숨어 계신
백의의 관세음보살상
언제부터 기다렸는지
나만 바라보시네

삼백육십오일
눈물로 지은 공양
세상에 올릴 때에도
내 발길 재촉한 것은
관세음보살 넓은 품속
나를 살피시는 보살의 눈길
그 때문이었네

충수돌기

충수돌기 반란이 있기 전까지
그가 내 몸 안에 있는 줄 몰랐다
내가 그를 무시한 세월만큼
공격은 집요하고 거세다

한 모금 생수를 향한 목마름
고요한 몸속은 입덧보다 심한
냄새를 거부하고
멀어지는 인내의 한계
매서운 평온이다

발광하듯 굉음 속을 고속 질주하는
밤거리의 청소년
나 여기 있어요, 외침은
사회의 충수돌기

아시아의 끝에 매달린 조국은
영원히 제거되고 싶지 않은
지구상의 충수돌기

칼날 위에 유지되는
평화여 세계여, 충수돌기
그의 존재를 무시하지 마라

존재의 가벼움*

이승에 내려와
이슬만 먹고 살던 한 영혼이
오늘 아침
향기로운 햇살 한줌으로
돌아갔다

제 안의 슬픔에 겨워
세상과도 영영 불화한 사람
억겁의 인연일랑 진즉 접어두고
화려한 계절 속으로
훨훨 날아갔다

세상이 잠깐 멈추어
낙화를 바라보듯
한 방울 눈물을 보탠다

---

* 밀란 쿤데라의 '참을 수 없는 존재의 가벼움'에서 차용함

종당엔 누구도
한 다리 순한 양인 것을
삶의 굴레를 벗고
신들의 시간으로
귀향하는 날에는

적막한 초혼

오늘, 그 집 창이 환하다
한생을 보낸 이가 사나흘 머물다 가는 곳
방마다 불을 밝히고 초혼을 하지만
부음 안고 달려오며
눈물은 말랐는지 곡소리는 없다

나이를 먹는다는 것
몸에 걸친 것 하나씩 벗고 그 집에
머물 날을 기약하는 것
그 집 앞을 지나며
화려했던 삶의 궤적을 읽는다
정수리까지 내려온 하늘은
어둠이 깊다

지구 반대편 오지에선 축제로도 지낸다는
죽음 그 너머의 심오함
오늘, 축제처럼 창마다 불을 밝혀도
아무도 그 집에 두 번 올 수 없으니
떠나는 이와 남는 이

인연의 끈 놓기가 무거울 터

지붕머리에서 흩어지는 적막한 초혼
세상이 오래 캄캄하리라

꽃 몸살

자고나면
거리마다 수상한 빛 어룽지더니
잠든 나무 가지 끝에
신묘한 빛깔이
순한 바람 데려왔다

천지는 꽃 세상으로 물들고
이 봄 다 가도록
꽃그늘에 묻혀 죽어도 좋으련만
발긋한 상처 속에
저 푸릇한 눈물 어찌 하련지

세월 들어 비로소 보이는
꽃 진 자리의 아픔
낮도 밤도 설레임으로
어여쁜 꽃잎
제 자리에 보낸 밤

몸살이다
다시 가늠할 수 없는

가끔은 삶이

가끔은 삶이
악동이 만든 풀잎 매듭에 맥없이 넘어지던
어린 시절 놀이라면 좋겠네

평생 이보다 더
즐은 일 없다 매달려 온 일에
후회가 밀려들 때

예고 없이 찾아 온 병고에 기진하여
삶의 의지 놓아 버리고 싶을 때

남들이 누리는 소소한 기쁨조차
내겐 너무 멀고 아득하여
엎드려 올리는 눈물의 기도
그분 무릎 앞에 닿지 못할 때

가끔은 삶이
일부러 물웅덩이 밟아대던
어린 시절 놀이라면 좋겠네

진화여행

나는 오늘도 진화한다
가치로움이 존재함이
시간에 따라 혹은 상황에 따라
의미를 달리하듯
소용과 불용에 대하여
변화와 불변에 대하여

하찮은 일상 속에 익숙해지며
조금씩 부재로 향하고
신의 뜻을 찾는 일이 신앙인 것을
이제 사 깨우쳤으니
이 얼마나 아둔한 일인가

꽃이나 나무는 더디게 변하건만
생사소멸 슬픔을 배태한 인간사 이치 속에
빛의 속도로 진화하는 나를 이해하는데
그 많은 시간 필요했으니
죽음 앞에서나 멈출 진화여행

가을 서곡

가을이 오나보다
솔알이가 점점 단단해지고 있다.
깊어지기 전 말문이 터질 것 같다

어릴 적 맛난 음식 솔솔 떠오르고
볕에 지친 몸 원기 돋아 줄 선선한 바람 결
저녁 밥상에 마주 앉을 이
누군가 그립다

목청 좋은 매미 울음 시나브로 잦아드니
고추잠자리 군무가 파란 하늘에
그림처럼 펼쳐진다

어스름 저녁 흐르는 노랫말 귀에 쏙 들어온다
나는 누구를 위해 시를 쓰는가
가슴 저린 물음 그저 막막하다
저단치 가을이 오는가보다

그 남자가 사는 법
― 사진작가 서성강

그는 렌즈로 세상을 읽고
사유하고 말한다

매일 마주하는 자연과 사물을
렌즈에 담아
질량을 부여하는 그의 손은
신의 손을 닮았다

그는 천 만 개의 기억을 흡수한 채
그들의 침묵을 찰나의 빛으로
건져 올린다

미지의 시야를
명징한 현실의 경계로 불러
끈질긴 생존의 무늬를
포착한다

고독한 예술의 여정
타인이 부여한 가치에

종속되기를 거부하며
시간을 저만큼 앞서 가는
그 남자

그 남자가 사는 법
- 지산 문은수 총재

그는 일을 좋아한다
자신의 몸이 무쇠로 만들어진 줄 믿는지
쉬지 않고 일 한다

그의 삶을 떠받치는 에너지의 원동력은
어린 시절 조모님의 사랑 속에 형성된 긍휼과
신앙의 여정 속에 얻어진 인간애의 발로
아낌없이 주는 한 그루의 나무를 꿈꾸며
문타워 진료실 창밖풍경이 봄인지 여름인지
살필 겨를도 없다

그의 비전은 얼굴에 쓰여 있다
무성한 구렛나루처럼
대한민국을 넘어 세계로 지평을 넓혀
큰 그늘을 만들어간다

그는 정직하고 순하다
가난의 설움을 나눔과 봉사로 승화시킨
신앙의 힘과 손길의 넓이는

가늠할 수가 없다

그의 손은 생각의 깊이만큼 섬세하다
치료의 손끝은 정성까지 더해져 유려하고 아름답다

그의 몸이 정말 무쇠라면 좋겠다
그 많은 일을 감당하고도 닳지 않는
비바람 폭풍에도 쓰러지지 않는
거목이기를, 영원하기를

그 남자가 사는 법
– 시인 이정우

그는 분주하다 늘
머릿속은 옛것과 새로움을 좇는데
소멸의 원형을 스마트한 현재에 천착하려
모나지 않게 내놓으려
문화사의 본질을 지켜내려
지역사의 저변을 훑고 있으니
사고의 대지 드넓다.

어떤 이는 그를 구름이라 하고
어떤 이는 그를 쟁반이라 했다
수백의 발문을 짓고 사람을 모으고
흥을 돋우고 뜻을 모으는
문화의 중심에 그가 서 있기 때문이다

사고의 깊이만 한 달변으로
넓은 품만 한 호쾌한 발길로
만들고 찾아내고 전하고 보존하고
유산은 무궁할 터 충만함으로
가치는 전해질 터 고운동행으로

모두의 가슴에 새겨지기를

때로 외롭고 쓸쓸할 안경너머 눈빛이
그저 형형하다.

프란치스코 성인이여

여기였군요
가난 앞에서 세상이 무릎 꿇은
평화의 샘이 솟는 곳

성인과 대화하는 새들
목마른 영혼을 부르고
누더기의 위엄 앞에
한없이 낮아지는 부끄러움

청빈으로 하나님과 일치하신
자연과 인간이 하나이듯
피조물은 모두 한 형제라고
침묵으로 외치던

악마의 유혹을 가시밭 뒹굴며 이기시던
인간적인 모습에 안도하며
성인의 곁을 맴도는
흰 비둘기처럼

가난을 지향하는 이들의 마음이
너른 밀 밭 위에 넘실대는
평화의 원형
아, 프란치스코 성인이여

직지사

한번은 찾아온다는 순간인가
하얀 꽃구름으로
골짜기가 환해졌다

천 년 전 그 정경으로
낡은 대웅전
마주한 탑 미동이 없다

감출 수 없는 천불전의 미소는
정복해야 할 산처럼
앞에 있고

마당에 내려앉은 꽃잎마다
낭랑한 염불 빗질자국 위로
선명한 길이 되고

찰나의 기쁨 그 적막 안에
내가 있다

낯설거나 친근하게

취암산엔
날마다 해 떠오른다.

일상이라는 수레를 밀며
시간에 몰두하는 사람들
수상한 냄새 혐오하여 편을 가르고
어제의 일에 목숨 걸고 거리에 나가
자신을 내던져도

아무렇지도 않은 하루는
아무런 단서도 주지 않은 채
무심한 듯
벌레를 기르고
꽃을 피우고
아이들을 키운다.

속마음 들키지 않고
낯설거나 친근하게

고백성사

아름다운 길이다
험난한 세상에 손 내밀어
어린 영혼을 보듬어 배움을 떠먹이고
몸으로 가르치는 일
무릎 깨지는 실패 위에
저마다의 길을 만들어 갈 때
비바람 눈보라 막아서는 어미의 마음

후회하지 않았다
잘못 꿰어진 단추를 풀어 고치는 일이
피할 수 없는 고통의 강을
저만큼 뚝심으로 헤엄쳐야 하는 것
절망의 한 숨 애써 감추며
구겨진 자존을 고쳐 세우던 어이없는 시간들

변화의 물길 당황스럽고 두렵지만
봄이면 따뜻한 햇살 아래
쉼 없이 성장하는 새싹들이 있기에
저들 해맑은 미소 나의 기쁨이기에

아직 여정이다

아이들의 웃음으로 하루가 열리고
힘찬 뜀박질이 정원을 가득 채우는 꿈이
내 생에 최고의 가치이기에
외롭고 고단하지만 가만히 돌아다 본다
내 걸어온 길, 괜찮은가요?

04

풍경을 걷다

백두산 천지

바람길 구름길 열고
하늘 아래 첫 봉우리에
아름다운 호수 비밀스레 숨겨둔
신의 솜씨에 무릎을 꿇었다

어디가 하늘인지
어디가 물속인지
신비한 열여섯 봉우리에 감싸인 심연
기꺼이 비경을 허락한
신의 정성에 소원을 빌었다

수수만년 금수강산 적시울
성스러운 물에 얼굴을 묻고
차마 떨어지지 않는 발길
잊고 싶지 않은 천지를
가슴에 담아 버렸다

두만강

황토빛 가득
우거진 버드나무 숲에
어른거리는
남루한 제복의 소년병

고향땅 그리운
노년의 회한 실은
유람선엔
유장한 가락 넘실거리고

동서로 갈린 강처럼
점점 멀어지는 두 마음
민족의 강
도도한 탁류는 아는지

성산 백두로 향하는 길목으로
잊혀져가는
강 건너 북녘 산하에

깊게 흐른 물 돌고 돌아
백두산 허리에 쌓인 금단의 골이
동해 어디쯤 푸르고 넓게 늘어들어
피눈물로 흐르거라
천년만년 흐르거라

톤레샵 강가엔

캄보디아 톤레샵 강가에*
'원 달러!' '원 달러!'
손 내미는 어린 손들

주머니 속 푼돈이 저들에겐
하루를 연명할 목숨인 것을

먼지 길을 걷고 걸어
찾아가는 곳마다
'헬프 미' '헬프 미'
슬픈 목소리로 귓가에 남아
겨우 차지한 때 거르지 않는 복도
부끄러워지고

톤레샵 강가의 복음은
한 술 밥인데
굶주린 이에게 밥을 주는 구세주는

──────────
* 캄보디아 톤레샵 강가에 베트남 난민들의 수상가옥이 있다.

어디에 계신지
어린것들의 눈물은
넘실넘실 속절없이 흐르고 있었다

일송정*

세상을 일찍 알아버린
스무 살 젊음이
맨발로 건너온 벌판이더라

켜켜이 묻어둔
여린 조국의 산하는 상처처럼
가슴에 살아있어
울분을 새겨둔 한그루 나무이더라

조국을 잃어버린 가난한 이웃들이
낮은 초막에 몸 부비며 살고 있는
안타까운 향수
가히 목에 메이는 땅이더라

석양에 펼쳐진 초록빛 바다
숨 쉬고 있는 시인의 혼을
어린것들은 잊고 말 조국의 그림자
푸르게 지키고 있는 일송정이더라.

---
* 선구자, 노래가사에 나오는 용정 비암산에 있었다는 소나무

앙코르왓

천 년 왕국의 뜰
왕의 위엄이 서린 탑 아래
조심스런 신하들 발소리
긴 그림자로 쉬고 있다

미로 속 회랑 따라
벽속에 살아 숨쉬는
백성들의 땀과 한숨소리
틈새마다 생생하다

천상 황녀의 옷자락 아래
가녀린 관능의 향기
지붕 끝에 걸려있고
천년의 고독이 서린 연못엔
내 전생의 그림자가 어른거린다

영화로운 삶을 치장하듯
사후의 정원을
불사불멸의 것으로 채워
영원을 노래하고 있다

코끼리의 눈

엄마의 일터였다
서른 살 엄마 코끼리가 사육사의 손짓에
육중한 몸을 놀려 재주를 부리는 코끼리 관광학교

쇠갈고리 폭력에 귀는 너덜거리고
온몸 성한 곳 없지만
관광객의 1달러는 배고픔을 달래주었다

색맹인 코끼리는 훈련 받은 대로 붓질을 할 뿐
박수와 환호 속에 완성한 그림이
팔려나가 주인을 기쁘게 한다면
그뿐이었다

엄마는 아이와 밀림을 떠도는 꿈을 꾼다
맹수와 사람의 공격을 무릅써야 하는 그곳
위험과 배고픔에 절망하겠지만
자유로움 속 그곳이 그리웠다

반복되는 삶에 지친 서러운 엄마는
눈으로 말한다
큰 덩치에 턱없이 작은
슬픔으로 메말라가는 눈으로
- 제발, 코끼리의 슬픈 연기에 환호하지 말아주세요 -

목이 긴 여인

운명이었다
척박한 땅에 태어나 한평생
목에 족쇄를 채우고 사는 일이

아름다움이라 여겼다
어깨가 내려앉고
목이 길어지며 성장이 멈추어도
사랑을 내 몸에
겹겹이 쌓는 거라고

또 다른 사랑이 찾아와
자유가 목마를 때
식은 사랑은 단칼에 풀 수 있지만
휘청거리는 머리를 떠메고 살아야하는
긴 목의 여인 금빛 장식은
삶과 죽음의 여정 하나로 잇는
불멸의 목걸이었다

흰 소가 끄는 마차

흰 소가 끄는 마차를 타고
극락으로 가는 길

무부는 이랴이랴 한국말이 술술
얼마나 많은 이들이 다녀갔으면
빨리빨리, 천천히,
한국말이 입에 붙었다

극락전에 지폐가 쌓여도
갈 때는 빈손인 것을
순진한 이들이 재화를 알면
흰 소가 끄는 마차는
찰나에 불쏘시개로 전락할 텐데

극락전 보시 액수를
흰 소는 어떻게 알았는지
딱 고만큼의 거리에서 멈춰
혼자 가라하네
혼자 가라하네

메콩강의 사람 꽃

메콩강의 황토 물엔
반세기전 밀림에서 산화한
스무살 오라버니 넋이 흐른다

누구를 위한 전쟁이었는지
아직도 그들은 이념의 지배에 갇혀
가난과 벗하며 살고 있는데

강나루에 펼쳐진 새벽시장
안개 속에 푸성귀를 이고 지고 왔을
무지와 가난
낯선 지폐처럼 수줍은 손에
얄팍한 연민이 무슨 소용이랴

문명의 뒤 안
메콩강의 두터운 습기는
세상 행복 조건에 초연한
함초롬한 눈망울의 그녀를
스무살 오라버니 곁에 두었다

프라하의 깊고 푸른 밤

스메타나가 사랑한 조국
평화로운 하프의 음률이 찰랑대는 몰다우 강
기슭 따라 문명이 만들어지고
수 천 년 숨겨졌던 문화가
베일을 벗었다

합스브르가의 지배 하에서
러시아 공산 학정 아래서
꿋꿋이 지켜온 말과 글
그들의 정신이
밤마다 남루한 극장 들 인형의 입을 통해
이어져 온
깊고 푸른 프라하의 영혼

골목마다 땅을 지켜온 네모난 돌의 자존심
세상 물결을 타고 밀려오는 관광객들 걸음마다
중세의 향기를 각인시킨다
내 걸린 창가의 제라늄처럼
수줍은 프라하의 얼굴

허무의 시계

마리아성당 앞 우뚝 솟은 시계탑
시간마다 수천의 인파를 모으는
불가사의한 시계

죽음의 사자 종소리에
이 천년 전 열두 사도
살그머니 모습을 비친다

부와 탐욕을 좇던 유대인도
권세와 명예에 사로잡힌 정치인도
쾌락과 허영에 젖은 악사도
운명의 종소리에
침묵으로 복종한다

우주의 섭리와 철학이 녹아든
허무의 시간을 살아가는
나약한 나를 위해
광장 너머 누군가의 눈물의 기도소리
저녁 하늘을 물들인다.

마리오넷

줄에 매달린 인형들이
모짜르트의 돈 조반니를 노래한다

여인을 능욕하는 악한 죄인은
천벌을 받는 뻔한
줄거리지만
수백 년 일류배우답게
쾌락에 물든 세상을 신랄하게
열연한다

삐걱이는 나무의자
남루한 소품들
줄 인형을 조작하는
유난히 큰 손과 굵은 팔은
익숙함과 세월의 상징

무명의 모짜르트를 인정한 프라하
이백 년 전 천재를
매일매일 부활시키는
프라하의 마리오넷

플리트체 숲 길

지구 반대편 물결 위에
기도의 길을 내고 싶었나
전생 어디에 있었을 몽환의 숲길
산산히 갈라진 심장 틈새로
작은 물줄기 흘러들었다

여린 햇볕은 물살을 가르며
물고기 등에 매달려 파문을 그리고
잦은 발걸음 끝에 매달려
소소한 즐거움을 숨겨둔다

태초에 숨겨둔 비경이었을
물속에 잠긴 잎새
뜻 모를 이야기를 렌즈에 담아내는 이들
갈라진 심장에 인화되는
언어의 공허함을 잊고 싶다

걸어온 발자국에 기도는 이미
새가 되고 풀이 되고

쓰러진 나무가 되어
너의 길이 되고 있지 않은가

지구 반대편 수만 년 전
플리트체 숲 겸허한 자연에
기도의 작은 탑을 올린다.

메주고리예

요정이 사는 숲을 지나
어린 목동과 양들 틈에
맨발로 돌밭을 건너야 했다

거룩한 자연은
가장 가난한 땅
허기진 어린 목동에게
천상의 어머니를 보여주셨다

성모의 현신을 알현하려
무릎으로 기어오르는 척박한 돌밭
오늘 피멍 선연한
순교의 행렬에
상처 입은 그리스도 무릎에
흐르는 피 눈물 받아 안는다

황거누이강

뉴질랜드 원주민을 먹이고
살찌워온
마오리족의 젖줄

산에 기대어 사는 사람은
산이 어머니요
강에 물들어 사는 사람은
강이 아버지다

황거누이와 왕거누이
철자 하나를 위해
전쟁을 불사하는 순절한 신앙을
되새기는 아침

파지 속에서 발견한 현금다발을
고스란히 돌려줬다는
가난한 노인의 삶이
황거누이 강처럼 찬란하다

백야를 만나다

화려한 조명으로 장식한
프라하의 밤거리
늦은 밤에도 해가 지지 않는
도시를 걷는다

강 너머 은은한 불빛 속
또렷이 떠오르는 프라하 성
고고한 시간 속 표상처럼
한 폭의 그림으로 다가서고
밤하늘을 웅장하게 수놓는다

문득, 혹은 우연히 만난 여정에서
환상으로 남기기엔 부족한
풍경들 저마다
발걸음들 저마다
감동으로 밀려드는 밤이다
살아온 날의 선물처럼

발문

발문跋文

경계와 지평, 혹은 12월의 시간

윤성희(문학평론가)

시인의 세 번째 시집 원고를 읽으면서 그가 펴냈던 두 번째 시집과의 시간적 거리를 생각해 본다. 10년이 넘었다. 일반의 시인에 견주면 통상적인 것은 아니다. 그동안 시 쓰기에 게을렀던 것일까. 시에 대한 열애의 마음이 식은 것일까.

두 번째 시집에 이런 시가 있었다. "지구상에 그놈 하나 있는 것이/내가 사는 이유이다/그놈의 눈빛 하나에/천국에서 지옥으로/지옥에서 천국을 오가며/매일 신열이 난다". 〈詩라는…〉이라는 작품인데, 이 시로 본다면 시인은 시에 중증 이상의 열병을 앓고 있었다. 그랬던 시인인데 시집 출간의 인터벌이 길었다 옆에서 보기에 그의 시의 곳간이 비어 있던 적이 없는 것 같았는데 말이다.

조유정 시인에게, 시에 대한 애착은 시집 내기의 애착과는 별개의 영역에 속하는 일인지 모르겠다. 아니면 곳간을 층층이 채우고 있던 애착의 결과물들을 시집이라는 새로운 곳간에 옮겨 담으면서 자발적 감식안을 엄정하게 작동시킨 때문인지도 모르겠다.

 이번 시집에 수록된 작품 중에 〈12월의 노래〉가 범상치 않게 다가온다. 이 시가 품고 있는 생의 인식을 잠시 펼쳐 보는 일은 보편적 인간 한계로서의 실존적 조건을 인식하고 나아가 자기 존재에 대한 사유와 성찰을 심화하는 일일 수 있겠다.

>
> 절망의 끝에 내일을 준비하듯
> 시작과 끝이 나란히 서 있다
> 인간의 시간과 신의 시간을 이어주는 시점
> 과거는 인간의 몸에 새겨져 있지만
> 오지 않은 시간은 신의 몫이다
>
> 사는 것 살아내야 하는 것이
> 신에 대한 의무이듯
> 고난의 바다를 헤엄쳐 도달한 오늘
> 다시 시간의 정점을 찾아 떠나는
> 쓸쓸해서 아름다운 12월이다

돌아가고 싶은 날이 있는 것
잊고 싶은 날이 있는 것
아득하다 몸으로 지나간 것들

미로 속에 숨겨둔 신의 영역
내일이여 달려오소서

〈12월의 노래〉 전문

  12월은 경계의 시간이다. "시작과 끝이 나란히 서 있"는 시간, 지나온 시간과 아직 오지 않은 시간이 마주 서 있는 경계의 시간이다. 시인에게 12월에 이르는 시간은 "고난의 바다를 헤엄쳐 도달한" 시간이고, "잊고 싶은 날'의 시간이다. 누구나 살아봐서 알겠지만, 우리에게 그렇지 않은 지나온 시간이 있었던가. 그런 점에서 12월에 이르는 시간은 오르막의 고단하고 팍팍한 한 사람의 생애일 것이다. 우리는 그 생애를 받아들여야 한다. 시인도 그러할 것이다. 그래서 시인은 자신의 삶을 "슬아내야 하는 것"이라고 생각한다. 오르막의 생애일지언정 멈춰 세울 수 없는 일이다. 그것이 "신에 대한 의무"이기 때문이다. 그러나 지나온 시간 속에는 밤의 이중성처럼 어둠만 있는 것이 아니라 저 하늘의 반짝임도 있다. "돌아가고 싶은 날이 있는 것"이다. 이것이 바로 "인간의 시간"이다. 시인은 이와 같은 보편적 인간의 실존적 조건의 경계 위에 서 있다.

 12월이라는 경계는 마침표의 시간이 아니다. 12월은 분할인 것 같지만 사실은 이어짐의 시간이다. 시인은 경계에 갇히지 않는다. 경계의 무한 확장, 혹은 긍정의 지평을 내다보고 있다. 경계의 정점에서 새로운 시야와 지평이 열리는 것이다. 여기에서 "인간의 시간과 신의 시간을 이어주는 시점"이 발생한다. 인간의 시간은 자신의 몸에 새겨져 있는 과거이지만 아직 "오지 않은 시간은 신의 몫"이다. 신의 영역은 인간의 개입이 허락되지 않는 미지의 세계이다. 모든 두려움은 미래에 어떤 부정적인 사태가 올 것이라는 예상에 의해 생기는 감정인바, 미래의 불확실성을 자신의 힘으로 제어할 수 없다고 판단할 때 두려움은 더 커진다. 시인은 불확실성으로 가득 차 있는 미지의 세계를 신의 몫으로 돌려놓고 이 시간을 기다린다. 나는 시인의 이러한 태도와 인식이 인간 한계를 넘어서는 자기 구원의 지평으로 나아가는 것이라고 믿는다.

 신앙은 미래의 어둠과 불확실성을 걷어내고 빛을 향해 걸어가는 것이다. 빛을 향해 걸을 때는 어두운 그림자가 보이지 않는 법이다. 나는 〈12월의 노래〉를 시인의 신앙적 성찰과 심화를 보여주는 작품으로 읽는다. 두 번째 시집 『이 세상 어떤 말로도』에 수록된 다수의 신앙시편들이 보여주지 못했던 신앙의 자기화, 절대화를 여기서 확인하게 된다. 〈12월의 노래〉뿐만 아니라 이번 시집 『내 곁에 있는 사람』에서 신앙시라고 불릴 만한 작품들의 거개가 종교적 채색을 흐리면서 보다 내면화된 신앙의 깊이를 아우르고 있다는 점에서 신앙의 발효로 평가하고 싶다.

한 살 한 살 나이가 들어가는 시인, 이제 고희의 문턱을 평화롭게 넘어서는 시인의 모습이 눈에 잡힌다. 본명이 '춘자'인 시인은 이름이 주는 비천함을 불평했지만 이제 그마저도 "오래 입어 편한 외투처럼/나이 들며 정다워지는/절대 버리고 싶지 않은/내 이름 춘자"(〈편한 외투처럼〉)가 된다. 나이듦이 자칫 자기 부정, 자기 혐오가 되기 십상인 세태에서 시인에게 나이는 자기 긍정, 자기 회귀의 길로 이끌어주는 미덕이다. "나이를 먹는다는 것/몸에 걸친 것 하나씩 벗고 그 집에/머물 날을 기약하는 것"이라는 죽음에 대한 긍정적 인식도 신앙적 성숙과 맞닿아 있지만, 인격의 배후 없이는 쉽게 도달하기 어려운 평정의 경지이다. 심리치료사 토마스 무어의 말을 빌리면 "나이 든 사람은 이전의 자신이 확장된 버전이다." 시인도 나이가 들어가며 자신을 확장하고 성장시켜 간다. 내가 일상에서 만나는 시인의 겸손과 배려심들도 일정 부분 성장과 확장의 나이듦과 연관되어 있을 것이다.

이번 시집에는 평소 시인이 말을 아끼던 가족사를 풀어놓은 점도 눈에 띈다. 부모와 자신, 자녀와 손주를 아우르는 4대의 가족사가 〈가족〉 연작과 함께 펼쳐져 있다. 아픔과 상처, 기쁨과 행복을 촉발하는, 그리고 생명을 나눈 관계로서의 가족의 삶이 시인의 삶의 맥락 안에 들어와 있다. 나이가 들어간다는 것은 삶의 맥락에 대한 이해가 깊어가는 것이기도 하다. 사실 삶의 맥락 속에는 인간의 생애를 구성하는 존재의 전 역사, 기쁨과 슬픔, 눈물과 웃음, 성취와 상실, 좌절과 행복 들이 서로를 규정하며 얽혀 있다. 이러한 삶의 전체로서의 구조물을 이해한다는 것은 인생을 이해한다는 것과 마찬가지이다. 인생을 아는 사람은 더 이상 다른 것으로 소급되지 않는 중심점을 갖춘 사람이다. 그 중심점이 그의 그다움을 만들어내고 그를 더 깊어지게 하고 단단하게 했다고 믿는다.

  언어의 향연 욕망의 파도 출렁여도
  닿을 수 없는 그곳
  목마름과 그리움뿐인 한 줄,
  시는 내 마지막 천형인가

  몸속에 진액을 다 말릴 듯
  보잘 것 없는 재주 녹여내는 고통을 줄지라도
  운명적 만남 아직 생생하니

달가운 나의 멍에 벗을 수 없어라

〈달가운 멍에〉 부분

 10여 년 전, 시 쓰기를 존재 이유로 믿었던 시와의 열애는 아직 끝나지 않았다. 천형, 운명 등이 주는 중압에도 불구하고 시인은 여전히 시를 '달가운 멍에'로 받아들이고 있었다. 그러고 보면 조우정 시인의 시 쓰기 또한 생의 중심점을 이루는 구조물의 대체 불가능한 먹락의 일부였던 것이다. 아마도 2시집과 3시집 사이의 10년은 시적 발효와 여과의 시간이었던 모양이다.

내 곁에 있는 사람

지은이 · 조유정
펴낸이 · 유재영
펴낸곳 · 동학사

1판 1쇄 · 2021년 6월 30일
1판 2쇄 · 2021년 7월 5일
출판등록 · 1987년 11월 27일 제10-149

주소 · 04083 서울 마포구 토정로53 (합정동)
전화 · 324-6130, 324-6131 | 팩스 · 324-6135
E-메일 | dhsbook@hanmail.net
홈페이지 | www.donghaksa.co.kr
www.green-home.co.kr

ⓒ 조유정, 2021

ISBN 978-89-7190-784-9　03810

※ 저자와 협의에 의해 인지를 생략합니다.
※ 잘못된 책은 바꾸어 드립니다.
※ 이 책은 2021년도 충청남도, 충남문화재단 창작지원금
　 일부 지원을 받아 제작되었습니다.